La harceleuse

Nouvelle

Bruno Lévy

AVERTISSEMENT AU LECTEUR

Toute ressemblance avec des faits et des personnages existants ou ayant existé serait purement fortuite et ne pourrait être que le fruit d'une pure coïncidence.

Édition : BoD – Books on Demand,
info@bod.fr
Impression : BoD – Books on Demand, In de
Tarpen 42, Norderstedt (Allemagne)
Impression à la demande
ISBN : 978-2-3225-1824-1
Dépôt légal : Décembre 2023

« *Quousque tandem abutere, Catilina, patientia nostra ?* »

PRÉAMBULE

Le harcèlement sexuel —les Anglo-Saxons préfèrent parler d'harassement sexuel— est classiquement le fait d'imposer des propos ou des comportements répétés à connotation sexuelle qui portent atteinte à la dignité, ou d'user de toute forme de pression qui a pour but d'obtenir des faveurs de nature sexuelle. Il désigne donc implicitement la victime comme étant une femme et est donc par essence sexiste. Quid de l'homme harcelé par une femme et sous quelle forme pourrait se présenter un tel harcèlement ? Nul ne le dit et encore moins n'ose l'écrire. C'est pourtant, inconsciemment bien sûr, le harcèlement le plus répandu au monde, excepté dans les pays musulmans les plus rigoristes. Même les juifs orthodoxes tolèrent la perruque blond platine chez leurs femmes, du moment que leurs cheveux naturels ne soient pas exposés au regard d'autrui. Tartuffe lui-même, en bon catholique, profite du spectacle tout en le dénonçant : « Cachez ce sein que je ne saurais voir ! »

Point besoin de mains baladeuses ou de SMS grivois, la femme expose ses atours et ses avantages avec une parfaite innocence, victime de la mode, de la nature et de la concurrence des autres femmes. Victime aussi de la loi « scélérate » du 13 juillet 1965 qui autorisait la femme mariée à signer un contrat de travail sans l'autorisation de son mari. Fini la femme au foyer : cette loi a non seulement doublé le PIB de la France en quelques années en libérant la force de travail de la femme française au détriment des maris jaloux, mais elle a ouvert un immense terrain de chasse quotidien aux Dianes chasseresses prêtes à bondir sur leurs proies, enfin à portée de leurs yeux maquillés et de leurs effluves parfumés. Et si la loi finalement sexiste de 1992 a réprimé le harcèlement du petit chef bedonnant, elle a omis dans sa rédaction de réprimer le harcèlement des secrétaires sur les cadres dynamiques célibataires ou mal mariés. La chasse était définitivement ouverte, dans un silence médiatique assourdissant.

LAURA

La famille de Laura venait de la région de Naples. Elle avait émigré en France à une époque où le travail se faisait rare en Italie et s'était installée dans les Alpes, dans l'indifférence un peu méprisante des indigènes pour les « Ritals ». La famille de son « cousin » Luciano avait fait de même et le clan des Napolitains s'était ressoudé loin de ses origines, mais en préservant ses coutumes qui les protégeaient de l'oppression du pouvoir centralisateur installé dans la ville éternelle. Ils continuaient notamment à appliquer la loi du silence, c'est-à-dire l'art de ne pas répondre aux questions posées par les étrangers au sens large. Mon ami Abdel, qui venait d'un pays encore plus au sud et qui les connaissait bien pour en avoir défendu plus d'un, avait une expression pour décrire cette loi fondamentale : « acqua in bocca », l'eau dans la bouche, qui empêche de parler sous peine de la cracher ou de s'étouffer. Laura pratiquait cette loi, avec des nuances qui lui appartenaient. Elle en avait fait tout un art, qui allait du simple mensonge à la réponse à côté en passant par le changement de sujet, jusqu'au fou-rire immotivé qui trahissait chez elle une exaspération croissante lorsque son interlocuteur insistait. Si celui-ci avait l'outrecuidance de ne pas partager ce fou-rire, sans plus de raison que d'emprunter la porte de sortie qui lui était offerte, il s'exposait alors à une réaction violente qui pouvait aller jusqu'à l'agression verbale ou même physique.

C'était un trait culturel chez Laura et elle cultivait à ce point le secret qu'on ne pouvait reconstituer le puzzle de sa vie qu'en recoupant les informations en vrac qu'elle délivrait avec parcimonie. Comme d'autres héritiers de la maffia napolitaine, elle avait des raisons plus pragmatiques de garder le secret sur ses activités passées, qui auraient pu jeter une ombre sur le CV fictif et particulièrement vague qu'elle arborait auprès de tout un chacun. Ainsi, elle prétendait volontiers à ses admirateurs béats qu'elle aurait voulu « faire médecine », alors qu'elle n'avait en réalité jamais passé le bac et qu'elle avait obtenu tout au plus un CAP pour exercer un métier manuel habituellement réservé aux femmes. Si elle n'avait pas « fait médecine », c'était bien entendu parce que ses parents avaient favorisé son frère comme dans toute famille traditionaliste italienne. En réalité, elle n'avait guère étudié au collège et piaffait d'impatience en attendant que ses parents psychorigides la laissent enfin sortir en boite de nuit. Au final, c'est dans ce genre d'établissement qu'elle rencontrera non pas l'amour, mais sa première confrontation avec une espèce vivante qu'elle haïrait toute sa vie durant : les autres femmes ! Confrontation n'est pas trop fort, puisque son succès immédiat lui attirera l'agression au tesson de bouteille d'une autre créature qui ne supportait pas qu'elle lui vole la vedette au milieu de tous ces hommes. Elle en gardera une cicatrice qui aurait pu la défigurer et qui sera sa première blessure de guerre.

LE SEXISME

Les violences des hommes sur les femmes, que l'on croyait légitimées depuis toujours par la supériorité physique et par un sexe en relief chez l'homme, sont notamment le viol, un diminutif de violence, comme s'il s'agissait d'une petite violence sans importance qui fait couler le sperme au lieu du sang, les violences conjugales, qui mènent à tant de féminicides chaque année, et le harcèlement sexuel, que l'on croyait injustement réservé aux hommes alors qu'il est généralisé chez la plupart des femmes depuis la nuit des temps. On voit donc plus facilement la paille dans l'oeil du voisin que la poutre dans l'oeil de la voisine. Et pourtant, combien de fois la voisine n'a-t-elle pas coloré ou peroxydé ses cheveux, mis trop de rouge à ses lèvres, verni ses ongles ou fait poser de faux ongles longs comme des griffes, exposé ses seins grâce à un décolleté avantageux, osé des transparences qui dévoilent ce qu'elles sont censées couvrir, montré son string au-dessus de son jean taille basse, porté une jupe plus courte que ne le voudrait la météo ou des talons hauts qui lui font de longues jambes, par ailleurs soigneusement épilées et gainées de nylon fin et teinté, ou de résille noire ? Tous ces artifices sont tellement entrés dans les moeurs occidentales qu'ils en sont devenus banaux et routiniers, au point que c'est leur absence qui se fait remarquer. En fait, le harcèlement sexuel de la femme sur le mâle blanc, soi-disant dominant, est quasi-permanent.

Même le football est sexué. Le fait de courir en culottes courtes après un innocent ballon ne devrait pas déclencher de fantasmes sexuels. Et pourtant, ce sport doit son immense popularité à l'allégorie du viol qu'il véhicule inconsciemment. En effet, après un long va-et-vient excitant d'un but à l'autre, l'attaquant —autrement dit l'agresseur sexuel— « tire son coup » de pied au but pour mettre le ballon au fond des filets adverses (une sorte de bas résille). Le ballon devient subitement moins innocent et son jaillissement évoque la pénétration sexuelle ou l'éjaculation. La victime n'est pas consentante, puisqu'elle est protégée par le gardien de but (l'équivalent de l'hymen), qui tente de garder sa cage inviolée. Si les deux gardiens y parviennent, le journaliste sportif parlera alors de score vierge, comme s'il entérinait l'allégorie du viol. Si le gardien ne parvient pas à protéger sa cage et que le ballon pénètre ses buts, il s'ensuit une explosion de jouissance dans une partie du public, un orgasme collectif d'autant plus intense et bruyant que la pénétration aura été violente. Le but de raccroc n'a pas le même effet, ce qui montre bien que la dimension du viol est recherchée par le public. Le langage des spectateurs (des voyeurs ?) est d'ailleurs aussi sexué que celui des journalistes : « on vous l'a mise au fond » ou « ce soir, on vous met le feu ! »

On distingue en fait trois formes de sexisme. D'abord le sexisme hostile, dopé à la testostérone : les femmes sont nulles en math, n'ont pas le sens de l'orientation et ne savent pas conduire. Puis le sexisme masqué derrière le paravent de l'humour, souvent graveleux, derrière la blague lourde qui tourne l'image de la femme en dérision. Enfin, le sexisme bienveillant que l'on qualifie aussi de paternalisme infantilisant. Si la femme entend rivaliser avec l'homme sur des sujets réputés masculins, si elle n'a pas le sens de l'humour qu'on veut lui imposer ou ne veut pas se conduire en petite fille, elle s'expose au mieux à des quolibets, au pire à être qualifiée de castratrice, par ceux dont la puissance sexuelle est vacillante ou incertaine. Ils remplacent alors cette puissance naturelle par une soumission symbolique de la femme qui leur tient lieu de virilité et, par expérience, nous savons bien que ceux qui en disent le plus sont souvent ceux qui en font le moins. Le terme même de puissance sexuelle est sexiste puisqu'il attribue une puissance aux hommes que les femmes n'auraient pas et les relègue dans un rôle passif et subalterne, qu'elles retrouveront ensuite dans leur position sociale ou leur salaire inférieur à celui des hommes. Elles se vengeront cependant en accusant l'homme d'impuissance à la moindre panne sexuelle et en justifiant aisément l'adultère par la négligence du mari, qu'elles devinent honteux à l'idée d'une telle révélation publique. Le sexisme est donc à double tranchant, mais le retourner contre les hommes impuissants a l'inconvénient d'en valider le fondement au profit des hommes jeunes et vigoureux.

La culture elle-même est sexiste, sans doute parce qu'elle est dominée par les hommes. La grammaire d'abord est sexiste, puisqu'une règle de l'Académie a décidé au XVIIᵉ siècle que le masculin l'emportait sur le féminin. Le vocabulaire aussi : « con » est un qualificatif associant la bêtise au sexe de la femme, la « croupe » associe la jument aux fesses de la femme, « Android » est un système d'exploitation : de la femme par l'homme (andros en grec) ? On dit enfin un arc de triomphe et jamais une arche de triomphe. Les contes de fées sont aussi sexistes : dans La Belle au bois dormant, Grimm et Disney mettent en scène une princesse blanche, passive, mince et hétérosexuelle, et un prince abuseur sexuel qui embrasse sur la bouche une princesse endormie, donc sans son consentement. Les dessins animés ne le sont pas moins : dans les Aristochats (1970), les petites chattes se pâment à l'idée du mariage et les petits chats sont bagarreurs, sous l'oeil bienveillant de leur mère. Même l'espace est sexiste : en 1972, la sonde Pioneer 10 emporte une plaque en or où sont gravés un homme et une femme nus, mais seul l'homme lève la main pour saluer les extra-terrestres. Enfin, la société reconnaît la paternité, mais pas la « maternité » d'une découverte : Rosalind Franklin a photographié l'ADN en 1953, mais ce sont Messieurs Watson et Crick qui ont reçu le prix Nobel en 1962. Édifiant, mais faut-il pour autant remplacer « il » (Monsieur Watson) et « elle » (Madame Franklin) par un « iel » asexué et de plus intraduisible en anglais ? La négation des sexes ne résoudra pas le sexisme.

LES FÉLINS

Le propriétaire du Lion d'Or ne savait pas qu'il introduisait le loup, ou plutôt le félin, dans la bergerie. Séduit par la différence d'âge avec sa jeune découverte, par son énergie communicative et son sourire ravageur, il s'était entiché d'elle au point de lui confier les rênes et la caisse de ses établissements, dans cette ville moyenne où il faisait bon vivre. Sa confiance durera autant d'années que celles qui les séparaient. C'est là que Laura développera son art napolitain de la dissimulation fiscale. Elle vendait du liquide aux gens ainsi que son propre personnage, c'est-à-dire sa gouaille, son goût vestimentaire, son joli minois et son sens inné du commerce. L'argent coulait à flots. Prise de vertige devant l'abondance des liquidités qui passaient entre ses mains, la jeune fille pauvre se mua en jeune femme comblée qui puisait dans la caisse pas toujours enregistreuse, pour s'offrir les vêtements et les accessoires que son corps attendait pour soigner son ego et éblouir son généreux amant, qui se décarcassait dans l'ombre pour assurer son train de vie somptueux. L'aveugler aurait été le mot le plus juste, pour ne pas voir l'énorme bouquet de roses rouges envoyé par le fleuriste voisin, ne pas entendre les plaisanteries grasses des consommateurs et fermer les yeux sur les dépenses quotidiennes de la belle Italienne. Son corps mince et musclé se parait de couleurs vives et de matériaux nobles, tandis que son esprit vif gérait le personnel avec charme, justesse et fermeté. Qui se lassa le premier de cette alliance improbable entre la maturité du montagnard et la lave du Vésuve ? L'histoire ne le dit pas mais la séparation des biens, surtout mobiliers, ne fut pas simple, ni sans conflit.

Le propriétaire du Chat et la Souris vit son commerce quasiment partir en fumée, quand Laura jeta son dévolu sur le malheureux et le cantonna bien vite dans le rôle de la souris, avec laquelle elle joua sa partition la plus aboutie. Elle joua comme un chat avec la souris avant de la croquer avec délice, devenant dès lors la croqueuse d'hommes que l'on sait. Là, elle ne puisait plus dans la caisse, elle la pillait littéralement, pour se venger de la résistance qu'elle avait pu rencontrer précédemment et qu'elle interprétait comme une injuste persécution, après tous les services en nature qu'elle avait rendu, sans compter ni sa peine, ni ses charmes maintenant réputés. Que fit elle des sommes ainsi détournées ? On pense qu'elle les investit dans un appartement mais, comme bien mal acquis ne profite jamais, elle ne tira finalement aucun avantage d'une possession obtenue par tant de malhonnêteté.

Malgré un sourire légèrement assombri par l'antibiotique qu'elle avait pris dans son enfance, Laura était sûre de son charme et savait maintenant quel pouvoir elle exerçait sur les hommes et tout le parti qu'elle pouvait en tirer. Elle était devenue définitivement un prédateur et, comme elle était ambitieuse, elle allait désormais s'attaquer à d'autres proies, choisies dans la bonne société cette fois. Fini les commerçants qui exploitaient les vices de leurs semblables et dont elle avait su exploiter leurs propres vices, elle serait encore plus vicieuse que les maîtres qu'elle avait aujourd'hui dépassés. Laura décida donc de passer aux professions libérales : médecin, vétérinaire, avocat, expert-comptable. Le bijou voulait trouver son écrin, loin de la vulgarité dont elle n'avait gardé qu'un stigmate : un piercing orné d'un diamant, sans doute prémonitoire. Avant de recevoir d'autres joyaux, elle voulait la bague au doigt et fonder une famille, mais hors de son milieu naturel. Laura, la sportive de charme, allait s'attaquer à son Everest ou plus modestement à sa barre des Écrins, dont elle trouvait le nom déjà bien évocateur.

UN PEU D'HISTOIRE

La loi de modernisation sociale du 17 janvier 2002 réprimait le harcèlement sexuel au travail à la même hauteur que le harcèlement moral : délit puni d'un an d'emprisonnement et de 15000€ d'amende. Elle fut immédiatement appliquée à sens unique alors que, contrairement au harcèlement moral, le harcèlement sexuel s'exerçait manifestement dans les deux sens, sans que personne n'en prenne réellement conscience. La loi contredisait donc les moeurs établies et son application, pour ne pas être considérée à son tour comme sexiste, se devait de réprimer aussi les abus plus ou moins subtils exercés au quotidien par un certain nombre de salariées. Mais il est vrai que les hommes s'en plaignaient rarement, préférant se rincer l'oeil que de se draper dans leur dignité outragée. Ne furent donc retenus, à titre emblématique, que les quinze mille messages plus ou moins grivois adressés en neuf mois par le maire d'une ville de 90000 habitants à la directrice du CCAS, les poursuites engagées contre deux anciens secrétaires d'État pour des agressions sexuelles sur des employées de mairie et, surtout, le cas caricatural et surmédiatisé d'un producteur de cinéma américain qui avait manifestement réussi pour coucher et abusait d'actrices qui n'avaient pas forcément envie de coucher pour réussir. Dans son cas, #BalanceTonPorc, version francophone du #MeToo lancé le 5 octobre 2017 par l'actrice Alyssa Milano prenait réellement tout son sens, au regard du physique de ce producteur à l'obésité androïde particulièrement répugnante. On ne peut même pas dire que les actrices devaient passer à la casserole, mais que dans son cas elles devaient passer sous un rouleau compresseur. À la décharge de ces producteurs lubriques, on pourra dire comme Diane Kruger dans le film Marlowe (2022) qu'ils font subir ces humiliations aux femmes, car les femmes les ont humiliés quand ils étaient pauvres.

Mais le "casting couch" a bien existé à Hollywood, comme un équivalent de la « promotion canapé » chez nous : « La fille qui voulait entrer dans le film était supposée s'allonger sur le canapé et permettre au producteur d'avoir une relation sexuelle avec elle », écrivait l'actrice Hedy Lamarr, connue pour avoir été la première actrice de toute l'histoire du cinéma à avoir été filmée nue. Paraissant plus réaliste que réellement traumatisée, elle écrivait à la dernière page de ses mémoires en 1966 : « Les barreaux de l'échelle du succès à Hollywood sont habituellement l'agent de presse, l'acteur, le réalisateur, le producteur, le rôle principal ; et vous devenez une star si vous couchez avec chacun d'eux dans cet ordre. Cru, mais vrai. » Le mouvement MeToo a levé la censure masculine et patriarcale posée sur ces pratiques chosifiantes qui font de l'actrice, pour peu qu'elle soit jeune et excitante, un objet de consommation courante et non pas un sujet sensible capable de jouer la comédie et d'interpréter un rôle.

LA FABLE

Laura commença par séduire son médecin généraliste, qui avait la réputation d'aimer les femmes, dans sa quête de respectabilité et d'embourgeoisement à un âge où elle sentait qu'il serait temps de se ranger, de se marier et de fonder une famille. Elle déploya ses charmes et n'eut pas grand mal à convaincre le bel homme de succomber à la tentation. Pour s'assurer qu'il ne s'agirait pas d'un feu de paille et que le coureur de jupons, une fois lassé, ne se tournerait pas vers de nouvelles conquêtes, elle déploya une activité sans précédent et pas seulement sexuelle en refaisant de fond en comble la décoration de son logement. Le fait qu'elle ait personnalisé à ce point l'agencement mobilier de son amant montre bien qu'elle comptait s'y installer durablement pour y faire son nid. Son amour des animaux allait contrarier ses plans et modifier son comportement nidificateur. Elle allait changer d'oiseau mâle pour féconder ses œufs et passer de l'aigle au pigeon. Un pigeon plus gras et surtout déterminé qui n'hésita pas à s'allonger devant les roues de l'aigle pour conquérir sa dulcinée.

Elle l'avait rencontré en lui amenant innocemment son chien sur ce qu'elle appelait son « terrain de chasse favori », celui où il séduisait la maîtresse de l'animal avant d'en faire sa propre maîtresse. Elle ne fut pas difficile à convaincre, tant l'amour des animaux les unissait et présageait la naissance et l'élevage de beaux oisillons. On aurait dit Charles et Camilla, grands amoureux de la nature eux aussi, en plus jeunes et en plus beaux. Mais le pigeon n'était pas tendre et, avant de convoler en justes noces, exigea de la pie voleuse qu'elle intègre ses biens, rappelons-le mal acquis, dans la communauté du couple de volatiles. C'était son ticket d'entrée dans la bonne société des oiseaux de haut vol, qui n'accepterait qu'à ce prix pareille mésalliance, et la pie en garda un goût amer dans son bec. Elle n'oublia jamais cette humiliation qui la renvoyait à sa basse extraction et faisait de plus un trou dans son portefeuille. Quand on est née pauvre, un sou même volé est un sou et ne se donne pas facilement, même pour devenir une dame. Foi d'animal, elle jura qu'on ne l'y prendrait plus.

Au début, tout se passa bien. Laura faisait l'aide-opératoire, se pavanait dans les congrès et usurpait le titre du conjoint comme elle savait si bien le faire. Elle donnait l'illusion aux badauds, comme ces faux-médecins qui exercent d'un hôpital à l'autre avec une simple expérience d'aide-soignant, mais avec un excellent sens de la mise en scène, un bagout extraordinaire et un aplomb hors du commun. Ce n'était pas plus difficile pour une femme dégourdie comme elle que de gérer un bar ou de vendre du tabac, mais bien plus valorisant et plus flatteur pour son ego. Un nid cossu avec une mare d'agrément et des terres alentour fut acheté pour abriter les tourtereaux. Deux oeufs furent ensemencés tour à tour et couvés jalousement par la mère, et le sont encore, tant ils auront du mal à se dégager de son emprise et à voler de leurs propres ailes. Laura était narcissique et égocentrée, mais la chair de sa chair faisait partie d'elle-même, était aimée et défendue comme telle, y compris contre le père.

Elle n'eut pas trop longtemps à attendre pour reprendre les armes et, après sept années d'un ciel parsemé de quelques nuages noirs, elle prétexta les violences d'un pigeon excédé pour quitter brusquement le nid, avec ses poussins sous une aile et ses bagages sous l'autre. N'ayant pu dans la précipitation emporter ses parures et ses ornements, elle revint subrepticement reprendre son bien avec l'aide de son ami le coq châtré. Elle fut déçue cependant par la réaction de la pie-mère, qu'elle trouva bien dure quand elle désapprouva son abandon du nid comme un vulgaire coucou et tint à garder une bonne relation avec le pigeon bien gras qu'elle avait toujours rêvé d'avoir pour gendre. Ses déboires ne s'arrêtèrent pas là, car non seulement elle retomba brutalement du pigeonnier à la basse-cour dont elle venait, mais elle y fut bientôt remplacée par une greluche bourgeoise et diplômée. Celle-ci faisait son oie blanche mais, dans le dos du père, persécutait les poussins de Laura jusqu'à accuser le poussin mâle d'avoir noyé un animal dans la mare pendant son droit de visite. Laura lui vola dans les plumes et la greluche ne dut son salut qu'à l'intervention d'un grand échassier. Après avoir été menacée par les services de la volière sociale de placer ses enfants dans un nid d'accueil, elle dut finalement prendre ses distances avec le nid conjugal. Elle se jura cependant de le reprendre un jour, par la ruse, à ce pigeon qui se prenait pour Maître corbeau et le tenait fermement en son bec, comme un fromage. Mais quinze ans après, il le tenait encore.

(IN)DIFFÉRENCE

La différence n'est pas indifférence. On ne peut être indifférent au harcèlement vertical vulgaire d'un petit chef ou au harcèlement horizontal d'un collègue burné et macho, mais on doit reconnaître comme bien différents et même parfaitement légitimes, sous peine de détruire toute une civilisation, les civilités entre hommes et femmes qui rendent si agréables les rapports entre les deux sexes. Sont donc autorisés, à moins de sombrer dans la mélancolie, la galanterie et les compliments de bon aloi, que l'amour courtois a perpétué de génération en génération jusqu'à nos jours et immortalisé dans le personnage du chevalier servant. Le jeu de séduction est permis lorsqu'il est désiré et partagé. La déclaration spontanée de sentiments honnêtes et sincères n'est pas condamnable, du moment qu'elle est dépourvue de caractère sexuel. Une cour non repoussée, des cadeaux acceptés, voire un adultère consenti avec un ou une collègue de travail qui, rappelons-le, est vu(e) plus longtemps que le conjoint les jours ouvrés, ne sont pas constitutifs de harcèlement.

Catherine Deneuve va même jusqu'à défendre une liberté d'importuner les femmes, dont elle ne saurait se priver pas plus aujourd'hui qu'elle n'a su s'en priver pendant toute sa carrière. Le journaliste Philippe Lançon distingue trois sortes de femmes : « celles qui balancent leur porc, celles qui restent soumises à son appétit, celles qui apprennent à l'utiliser ». Ces dernières bâtissent leur carrière sur « l'appétit des porcs », ne s'en plaignent pas et se sentent légitimement frustrées quand on prétend les priver de leur gibier préféré. C'est l'inversion de la proie : tel est pris qui croyait prendre. Mais là encore, qu'elles le dénoncent ou qu'elles l'utilisent, faut-il encore s'assurer qu'il s'agisse bien d'un porc ! Dans le cas d'Harvey, c'est incontestable. Quand Mira Sorvino se plaint en 2017 du « sexual harassment » d'Harvey Weinstein comme producteur en 1995, on la comprend et on parlerait même plutôt de sanglier que de porc. Quand elle accepte, aussitôt après, une relation avec Woody Allen, comme réalisateur cette fois, on comprend qu'elle a succombé à un porc intelligent et cultivé, qui a eu tout de même le mérite de la conduire à l'Oscar la même année, et la comparaison n'est plus aussi frappante. Mais si elle avait cédé aux avances sexuelles insistantes d'un jeune premier rôle de l'époque, style Alain Delon, on s'interrogerait alors sur la notion même de « porc » et on parlerait plutôt de séduction partagée. La vraisemblance du film qu'ils jouent ensemble serait même basée entièrement sur la capacité du spectateur à s'identifier avec délectation dans le couple amoureux qu'ils portent à l'écran.

Le porc ne doit donc pas avoir seulement de l'appétit sexuel et l'exprimer crûment, car cette pulsion instinctive est quand même à la base de la reproduction de l'espèce. Tout juste peut-on alors parler d'inélégance ou de vulgarité. Mais il doit aussi ressembler à un porc, c'est-à-dire manquer totalement d'attrait physique ou intellectuel, se montrer incapable de déclencher le désir chez la femme et en être parfaitement conscient du fait des innombrables râteaux qu'il s'est pris avant de réussir socialement et de devenir influent. Et pour être définitivement qualifié de prédateur, il doit s'attaquer au final à des proies non seulement belles et désirables, mais aussi beaucoup plus jeunes que lui. C'est le cas de ce directeur de Sony, que Sharon Stone accuse en 2023 dans Let's talk off camera de lui avoir proposé une fellation dans les années 1980, alors qu'elle était très jeune et avait enfilé imprudemment une minijupe en jean et des santiags. Mais on peut aussi légitimement se demander si celle qui a posé nue dans Playboy en 1990 et décroisé lascivement ses jambes, sans culotte et en gros plan, devant la caméra dans Basic Instinct en 1992 n'a pas tenté délibérément de séduire le cadre de Sony, au comportement certes avéré de porc, quelques années auparavant.

Après « l'inversion de la proie » chère à nos Dianes chasseresses, qui n'hésitent pas à manipuler les porcs à leur avantage, on notera à l'autre extrême « l'inversion de la charge » propres aux intégristes, pour qui la femme non voilée et a fortiori vêtue à l'occidentale (jupe, short, talons, décolleté, bikini) harcèle sexuellement les hommes par son impudeur notoire et mérite donc ce qu'il lui arrive. Entre ces deux extrêmes, le libertinage et le puritanisme, il faut raison garder et ce sera au magistrat d'apprécier la sincérité de la plainte et la réalité du préjudice allégué par la victime.

LE CABINET

Laura était une bonne mère et, pour élever ses enfants, allait faire pendant des années différents petits boulots qui ne nécessitaient pas de grandes qualifications. Un seul allait la faire progresser dans un domaine où elle n'avait pas excellé à l'école, mais dans lequel elle révéla et développa de réelles dispositions : la rédaction écrite. C'est en devenant la secrétaire de sa propre avocate que Laura apprit à écrire sans fautes d'orthographe ou de syntaxe et à rédiger des courrier clairs et concis. Elle avait compris tout le parti qu'elle pouvait tirer de ces qualités dans sa carrière de quérulente processive, qui s'affirmait progressivement en elle. Elle retourna d'ailleurs ses acquis contre sa propre avocate, devenue son employeur, avec l'ingratitude qu'on lui connaît et son incapacité à tenir plus d'un an dans la même place sans usurper la fonction de celui ou de celle qui l'emploie. Elle l'a fit donc condamner devant les prud'hommes au versement d'une somme dérisoire, mais qui satisfaisait son ego et devait lui servir de tremplin, pensait-elle, en vue de nouvelles victoires judiciaires.

Elle répéta le même scénario avec le médecin spécialiste qu'un de ses avocats lui avait conseillé de consulter. Elle lui présenta sa vérité, lui cacha soigneusement ses antécédents, apprit son langage professionnel. Elle lui fit dire, en fin de compte, qu'elle était la victime d'un « pervers narcissique » qui avait l'outrecuidance de refuser de lui rendre son bien, au risque de la licitation, c'est-à-dire de la mise aux enchères de ce bien. Elle ne comprenait pas la haine qu'elle avait engendrée et le rejet d'un certain milieu qui ne voyait en elle qu'une arriviste qui avait utilisé son charme vénéneux pour se hisser à une place qui n'était pas la sienne. Jamais ils ne la laisseraient occuper les biens immobiliers du couple, à la manière d'un vieux château qui lui aurait donné enfin ses lettres de noblesse. Ils la considéraient comme une courtisane, une du Barry de province, qui avait cru réussir à force de galanteries et de manigances, et auraient aimé la voir guillotinée comme son illustre modèle.

Découvrant ces mots magiques qui trouvaient un vif écho en elle et cette notion récente qui lui était jusque-là étrangère, Laura la généralisa à tous ceux qui osaient lui résister et ils étaient nombreux. Elle se vit donc entourée de pervers narcissiques qui la persécutaient au quotidien, la rabaissaient, lui faisaient sentir qu'elle n'était rien, la renvoyaient à ses origines, pis la considéraient comme une étrangère. Elle les repérait avec délice, les débusquait, s'en méfiait et interprétait leur moindre propos comme une menace existentielle. Et lorsqu'ils étaient deux, elle y voyait aussitôt un complot ourdi contre elle, destiné à la spolier de ses droits ou de ses revenus. Ainsi, elle « savait » maintenant que son conjoint la rabaissait et la violentait, que sa belle-famille la méprisait, que le père manipulait « ses » enfants pour les éloigner d'elle, que la nouvelle compagne de leur père se comparait à elle pour mieux l'écraser de son argent et de ses diplômes. Elle étendait la notion de pervers narcissique à tout un clan familial, puis elle l'étendit au monde du travail, car ce précieux concept expliquait ses échecs professionnels à répétition en lui évitant de se remettre elle-même en cause.

Elle en eut l'occasion lorsque le médecin qui la suivait commit l'imprudence de lui proposer un mi-temps pour remplacer une collaboratrice qui commençait sa formation d'assistante. Elle se heurta aussitôt aux deux salariées en place, qui la vivaient comme une rivale sans savoir trop bien pourquoi. Son contact avec le public était factice et superficiel, elle surjouait l'empathie pour mieux attirer le chaland, ce qui apportait une dimension commerciale un peu déplacée pour un cabinet médical. En fait, elle apportait le style brasserie qu'elle connaissait bien et qui connut un certain succès auprès d'une partie de la patientèle. Sa présentation était calculée jusqu'au moindre détail. Elle s'habillait sportswear chic et portait toujours des accessoires et des ornements de valeur qui reflétaient sa splendeur passée. Elle changeait bien entendu de tenue tous les jours, pour montrer l'étendue de sa garde-robe. Elle portait souvent des jupes-culottes assez courtes et marchait à plat pour monter ses jambes sans provocation. Elle sut ensuite se rendre indispensable, ce qui après le contact et la présentation constituait la deuxième étape de la mise en place de sa relation d'emprise.

Elle en eut rapidement l'opportunité, quand la secrétaire qu'elle remplaçait mit fin brusquement à sa formation d'assistante en « se mettant en maladie » pour masquer qu'elle n'en n'avait pas le niveau. Non pas qu'elle ait eu l'intention de faire la formation à sa place, mais elle saisit l'occasion de montrer à quel point elle était indispensable en faisant du jour au lendemain plus du double des heures pour lesquelles elle avait été engagée.

Venant tous les jours au cabinet, avalant les kilomètres, elle se démenait sans compter dans une tenue toujours impeccable, avec un enthousiasme communicatif. Elle complétait sa formation sur le tas, en faisant preuve d'une grande capacité d'apprentissage. Vu les difficultés de recrutement sur ce poste, on peut dire qu'elle sauva littéralement le cabinet et démontra au médecin qu'il avait vu juste en l'invitant à le rejoindre quelque temps auparavant. Elle montrait de telles qualités, notamment rédactionnelles, ce qui est devenu rare chez les plus jeunes de nos jours, qu'elle en fit oublier de vérifier son CV, alors qu'elle n'était pas éligible à la formation que de toute façon elle refusait. Elle réalisa quelques autres exploits qui augmentèrent son prestige aux yeux de son employeur, notamment en étouffant courageusement un départ d'incendie qui aurait pu réduire le cabinet en cendres.

Forte d'un départ aussi « brûlant », elle commença à avoir quelques exigences pécuniaires et un droit de regard sur le personnel restant, qu'elle entendait mettre sous sa coupe tant sa supériorité, sauf en informatique, paraissait flagrante. Elle trouva un allié inattendu dans la patientèle qui, impressionnée par sa personnalité et son sens de l'initiative, la considérait parfois comme le Docteur ou la femme du Docteur et commençait à lui apporter des cadeaux. Elle marquait son territoire en modifiant l'agencement du cabinet, comme elle l'avait fait au domicile du médecin avec lequel elle avait vécu et comme elle projetait de le faire à l'ancien domicile conjugal, si elle le récupérait un jour. La seule résistance qu'elle rencontra fut celle de sa collègue de travail qui voyait d'un mauvais oeil tous ces changements, dont certains amélioraient pourtant le fonctionnement du cabinet. C'était sa marque de fabrique : un mal pour un bien. Derrière le bien ou le mieux apparent, se cachait toujours une petite prise de pouvoir, qui s'ajoutait à la précédente et finissait par faire masse sans que personne ne s'en aperçoive réellement. Et lorsque sa collègue s'y opposait ou exprimait un début de désapprobation, sa contrariété se manifestait par un fou-rire trompeur, qui en réalité était le dernier signe précurseur avant une agression verbale potentiellement violente. Heureusement, sa première collègue se laissait gagner par la contagion et partait en fou-rire avec elle, sans savoir pourquoi, au point que la diversion lui faisait oublier le motif de son irritation ou de son désaccord initial. Le pseudo-comique de la situation était en réalité une tactique bien rodée qui permettait à Laura de faire passer son acquis territorial sous le paravent de la rigolade, qui n'était pas aussi franche qu'il n'y paraissait. C'était clairement une technique de manipulation, sympathique au demeurant et totalement empirique, dont seule la répétition un peu trop systématique pouvait conduire à la longue à un soupçon légitime. Mais c'est là le propre des escrocs, de faire durer l'illusion le plus longtemps possible avant d'être découverts et de s'éclipser en gardant le butin accumulé.

Ayant suffisamment intrigué pour obtenir le départ de cette jeune collègue qui devenait quand même un peu trop méfiante, elle rencontra plus de résistance avec la suivante, qui ne fut pas facile à dénicher dans un contexte social où les demandeurs d'emploi sont nombreux, mais souvent peu qualifiés, trop éloignés du lieu de travail ou pas franchement motivés. Athéna, c'était son nom, s'était présentée elle-même au cabinet après avoir lu l'annonce sur le site de pôle emploi. Elle était jeune et séduisante, exerçait déjà une profession de santé, cherchait un emploi plus proche de son domicile et surtout se révélait éligible à la formation du nouveau métier qu'elle voulait exercer. Après avoir négocié le départ de son précédent poste, elle prit ses fonctions juste à temps pour combler le vide laissé par la défaillance de celles qui l'avaient précédée. Du fait de la maladie de Laura, qui avait fini par succomber à la fatigue et à une infection après tous les efforts qu'elle avait prodigués pour se rendre indispensable, elle se retrouva seule avec le médecin qui put apprécier son sens de l'adaptation et son dévouement. Alors que celui-ci pensait que la gentillesse naturelle d'Athéna ferait bon ménage avec la personnalité affirmée de Laura, il en fut tout autrement dès son retour de maladie.

LES MOYENS DE HARCELER

Ce sont les propos à connotation sexuelle : remarques salaces, sous-entendus appuyés, propos carrément lubriques, compliments physiques lourds et insistants, plaisanteries grivoises qui font passer la licence derrière le paravent de l'humour. Ce sont aussi des comportements à connotation sexuelle : sifflements admiratifs, gestes déplacés (main traînante ou baladeuse), exigence d'une tenue sexuée sous couvert de marketing, invitations à des dîners tardifs ou à des weekends de « détente ». Les Américains considèrent comme harcèlement sexuel (sexual harassment) le fait qu'un homme, qui n'est pas un partenaire amoureux (romantic partner), regarde les seins d'une femme (looking at breasts), lui mette la main aux fesses (placing a hand on lower back) ou fasse des commentaires sur son attractivité physique (commenting on attractiveness). Ils notent l'importance statistique des seins par rapport aux autres formes de harcèlement et le pic de la ménopause, avec un déclin très net du harcèlement sexuel après le climatère. Ces propos et comportements à connotation sexuelle peuvent être horizontaux, venant de collègues de travail, ou verticaux, venant de la hiérarchie ou du patron. Ils ne doivent être ni sollicités, ni provoqués par l'intéressée, ils doivent être refusés clairement ou repoussés par la victime qui, de cette façon, exprime son non consentement. Les regards concupiscents sur les zones érogènes (poitrine, jambes) ne doivent pas être provoqués par une exposition volontairement trop généreuse, voire indécente des avantages que la salariée offre ostensiblement à la vue de ses collègues : décolleté profond ou pigeonnant, minijupe ou jupe très fendue, collants ou bas fantaisie par exemple.

La pudeur est cependant une notion très relative selon les régions du monde et les cultures locales. Elle est souvent extérieure et en rapport avec la nudité : nudité partielle en Occident, nudité zéro au Moyen-Orient, où à l'extrême les mains doivent être gantées malgré la chaleur ambiante. Elle est intérieure en Extrême-Orient, où rire et gesticulation sont proscrits, et aussi dans les pays anglo-saxons, depuis l'époque victorienne : Never complain, never explain (jamais se plaindre, jamais d'explication). Ce qui signifie, en pratique et pour caricaturer, qu'une Japonaise peut se balader en cuissardes et bas résille, la jupe au ras du compteur et les seins à l'air à condition de ne pas éclater de rire —une Japonaise pouffe avec la main placée devant sa bouche, elle rit sous cape— et de rester impassible. À l'inverse, une Saoudienne est couverte de la tête au pied, mais on peut l'apercevoir chez Harrods à Londres choisir des escarpins à talon aiguille et acheter des sous-vêtements Agent Provocateur. Du moment que c'est caché sous l'abaya et réservé exclusivement au regard de son mari !

Il existe deux formes de chantage à la relation sexuelle, selon Catharine MacKinnon. La première est le « quid pro

quo », en français le quoi pour qui, c'est-à-dire une contrepartie
—allègement de la charge de travail, prime, passage en CDI,
promotion— en échange d'un avantage sans relation avec le
travail, comme une faveur sexuelle. C'est la promotion canapé à la française ou le casting couch façon Hollywood. Il n'est
vraiment illégal que s'il est mis en balance avec une dégradation
des conditions de travail ou une menace de licenciement et qu'il
porte clairement atteinte à la dignité de la victime. C'est ce que
MacKinnon appelle un « hostile working environment », un
milieu de travail hostile. La carotte est légale, mais défavorable-
ment connue, seul le bâton est illégal. On notera que la carotte
est plus insidieuse que le bâton et entraîne moins de résistance
ou de plaintes de la victime de ce qu'on appellera soit un odieux
chantage, soit une transaction immorale faisant appel à la vénalité supposée de la victime. L'usage du bâton rejoint aussi
le harcèlement moral, qui peut masquer alors le harcèlement
sexuel. Les plus pervers des auteurs de ce genre de délit utilisent
d'abord le bâton, puis la carotte en raison de l'effet de soulagement qui apporte un plaisir inattendu ressenti par la victime
aux abois, mais attendu par l'auteur qui va tenter de l'échanger
contre un plaisir sexuel, par une sorte de solidarité tacite de la
victime, encore dans l'euphorie du soulagement et inconsciente
de la manipulation qu'elle subit.

LE CONFLIT

Les demi-journées de transmissions où les deux collègues devaient échanger entre elles sur le fonctionnement du cabinet, voire sur leurs vies personnelles pour créer du lien social, furent d'emblée très tendues et marquées par la rivalité immédiate de Laura avec sa nouvelle et discrète collègue à plein temps. Mue par son intuition, elle sentait d'instinct le danger qu'elle représentait pour elle : « Elle est pire que les autres ! » disait-elle à son patron, médusé. Et le reste de la semaine, elle passait son temps à la dénigrer en prétendant, contre toute attente, avoir décelé en elle un pervers narcissique. Elle contestait ses origines : « On ne sait pas d'où elle vient vraiment. » Elle émettait de sérieux doutes sur son parcours professionnel et notamment sur ses compétences de secrétaire dans l'armée, au vu de ses fautes d'orthographe pourtant si répandues dans sa génération : « Elle devait finir sous le bureau », glissait-elle perfidement. Elle était persuadée qu'on l'avait expulsée de l'armée pour son incompétence notoire. Elle la rabaissait dans son emploi suivant, qui l'avait fait accéder pourtant à une profes-

sion de santé : « Elle ne faisait que torcher le cul des patients. »
Elle était certaine qu'elle était incapable de suivre la formation
d'assistante et qu'elle n'irait pas jusqu'au bout. Elle la trouvait
provocante et vulgaire, sans aucune classe, disait qu'elle ne savait pas manger à table, après avoir profité d'une pause pour dé-
jeuner ensemble au restaurant. Elle ne supportait ni son déhanchement, ni son opulente poitrine, qu'elle savait refaite depuis
qu'Athéna lui avait imprudemment confié qu'elle avait cédé à
cet artifice pour retrouver confiance en elle, ce qu'elle s'était
empressée de rapporter au Docteur.

Athéna commit une erreur de communication qui
aurait pu sembler anodine, mais qui prit avec Laura des pro-
portions cataclysmiques. Elle voulut échanger sur leurs cursus
scolaires, puisqu'elles étaient censées avoir fait leurs humanités
dans la même petite ville de province. Laura non seulement ne
voulut pas évoquer le sien, mais alla jusqu'à nier celui d'Athéna
et la possibilité qu'elle aient pu fréquenter le même établissement secondaire puisqu'en réalité, elle n'y avait elle-même jamais été. Depuis cet incident, elle ne lui parlait plus et, arguant
de son ancienneté, la chassait du fauteuil pivotant du secrétariat, lui tournait ostensiblement le dos et la renvoyait à des
tâches subalternes. Ce qui mit le feu aux poudres, c'est quand
Athéna eut l'audace de la comparer à « Barbie » le matin où elle
arriva vêtue de rose au cabinet. Jugeant qu'elle la comparait à
une blonde écervelée et ergotant que le rose dont elle était vêtue
tendait plutôt vers le saumon, elle partit dans une rage folle, se
mit à hurler, terrorisant les quelques patients présents. Alerté
par les cris et craignant qu'elle n'en vienne aux mains, le Docteur sortit de son bureau en pleine consultation pour les séparer
avant qu'elle ne commette un passage à l'acte, dans l'état de
fureur où elle se trouvait.

Ce fut le point d'orgue de la rivalité entre les deux assistantes et le début de la chute de l'orgueilleuse Laura. Le Docteur commençait à comprendre ses défenses projectives, qui prenaient une dimension incompatible avec le bon fonctionnement du cabinet et qui, à l'occasion, effrayaient la patientèle. Il admirait au passage la patience et la persévérance d'Athéna, voire son indulgence à l'égard de sa propre faiblesse face à la récente agression de Laura. En effet, il se contenta de les séparer définitivement en plaçant Athéna en télétravail lorsque Laura travaillait en présentiel au cabinet. Mais que pouvait-il faire d'autre ? Il ne pouvait qu'analyser son comportement et réaliser peu à peu qu'elle projetait sur autrui ses propres travers, fantasmes, frustrations et jalousies. D'abord son propre comportement de pervers narcissique, qu'elle décelait chez tous les autres excepté chez elle, tant elle était persuadée d'être une éternelle victime. Son comportement froid de reptilien qui s'exprimait dans sa peur des serpents, parce qu'elle savait à quel point leur morsure pouvait être dangereuse. Elle trahissait le besoin d'être honorée plus fréquemment, lorsqu'elle disait crument d'Athéna qu'elle devait être en manque et qu'elle devrait trouver « un homme pour la baiser plus souvent », alors que celle-ci était pacsée depuis des années avec un homme jeune et vigoureux. Lorsqu'Athéna lui posait une question un peu personnelle ou osait l'appeler sur son portable, elle disait qu'elle manquait aux règles de la bienséance alors qu'elle était la première à s'en affranchir lorsqu'elle l'agressait publiquement. Elle accusait toutes les femmes qui portent des prothèses mammaires de ne pas être authentiques, alors qu'elle aurait rêvé elle-même de gonfler sa poitrine vieillissante si elle en avait eu les moyens. Elle disait des épouses des hommes fortunés qu'elles n'étaient intéressées que par l'argent, alors que sa propre carrière de courtisane ne plaidait guère en sa faveur sur ce point. Elle disait la même chose de la fille d'un père fortuné, comme sa propre fille, l'accusant presque d'entretenir une relation incestueuse avec lui : « je savais qu'elle était intéressée par l'argent, mais à ce point ! »

Elle sentit elle-même le vent tourner, lorsqu'elle apprit la candidature spontanée de Rose, une amie d'enfance d'Athéna : « Elles veulent m'évincer ! », s'écria-t-elle aussitôt, en rougissant d'une rage à peine contenue. Le Docteur se dit alors qu'il avait moins besoin d'une assistante brillante et adulée par une partie de la patientèle, que de deux assistantes compétentes et dévouées qui communiqueraient bien entre elles, se remplaceraient l'une l'autre avec souplesse et s'entraideraient mutuellement. Il avait compris aussi que Laura était passée du sauvetage du début au pillage en règle du cabinet, en abusant du penchant que son charme et son courage avaient suscité en lui. Sa faiblesse se manifestait quand elle partait en avance pour une raison ou pour une autre et qu'il pointait à sa place, quand elle traînait en ville en faisant une course chez un fournisseur, quand elle s'offrait en puisant dans la caisse la paire de chaussures en solde qu'elle avait vue dans une vitrine, sans doute pour remplacer la semelle usée par les nombreux pas qu'elle faisait sans compter pour le servir, quand elle acceptait d'enfiler le chaud manteau d'hiver qui ne l'empêcha pas pourtant de tomber malade, quand elle se faisait offrir la montre qui enrichirait sa collection, sans réaliser que sa collection ne correspondait pas à sa condition, ce qui aurait pourtant dû mettre la puce à l'oreille du Docteur. Il reconnaissait son goût certain pour s'habiller et se parer, mais trouvait qu'il payait bien cher la survie de son outil de travail, qui était finalement aussi le sien.

Le Docteur prenait de l'âge et se sentait submergé par l'invasion numérique et administrative de son métier. Il avait donc absolument besoin d'assistance pour continuer à exercer son métier particulièrement vital dans ce qu'il était convenu d'appeler un désert médical, en desservant une population de plus en plus nombreuse et étendue géographiquement. Il souhaitait siffler la fin de la récréation et passer des ors de l'Élysée aux petites mains de Matignon, mais il se heurtait à l'écueil du remplacement sans délai, face au chantage à la démission de Laura, qui se savait non seulement indispensable, mais aussi irremplaçable à un poste que dans l'ensemble elle maîtrisait assez bien. Comme elle l'avait pressenti avec son instinct de prédateur, la candidature de Rose changeait la donne et permettait de résoudre l'équation du Docteur. Rose était aussi modeste et méritante que Laura était prétentieuse et profiteuse. Elle n'avait pas son charisme, ni sa silhouette, mais elle était de la même génération qu'Athéna, c'est-à-dire née avec l'informatique. Elle était avide d'apprendre, éligible à la formation —car elle avait son bac— et prête à la suivre malgré ses trois enfants et la distance pour se rendre sur le lieu des cours, dont un certain nombre devait se faire impérativement en présentiel. La manoeuvre de substitution devait nécessairement être gardée secrète pour réussir et d'ailleurs, pour confirmer cette crainte, les derniers jours de Laura furent particulièrement chargés en consultations et en expertises au cabinet. Elle n'aurait jamais accepté de seconder le Docteur si elle avait su que, le lundi suivant, Rose travaillerait en binôme avec Athéna pour découvrir son nouveau métier et se roder avant d'être lancée seule dans la tempête quotidienne du cabinet.

La lionne évincée ne rugit même pas, contre toute attente, et se tourna vers d'autres médecins pour se « mettre en maladie », tant il était facile d'obtenir un arrêt de travail, surtout en pleurnichant et en criant à l'injustice comme elle savait le faire avec talent. En bon escroc qui prend plaisir à frauder la société, elle trouva un emploi similaire en moins d'une semaine, chez un ancien amant, et réussit à cumuler pension d'invalidité, dont on se demandait comment elle l'avait obtenue, indemnités journalières et bien entendu salaire dans son nouvel emploi, sans aucun contrôle et sans que personne ne s'en offusque. Mieux encore, elle réussit à se faire prolonger son arrêt de travail avec des heures de sortie libres, pour ne pas être contrôlée chez elle pendant qu'elle allait travailler ! Elle ne rendit jamais bien entendu les clés du cabinet, obligeant le praticien à en faire changer la serrure. Elle trouva quand même le moyen de menacer de porter plainte pour harcèlement, sans doute pour tous les compliments et tous les avantages qu'elle avait reçus indûment et pour tout ce qu'elle avait volé ingénument. Il fallait comprendre à travers cette plainte qu'on l'empêchait de continuer à profiter plus longtemps de la situation et sa frustration s'exprimait de la sorte. Malgré son expérience, c'était la première fois que le Docteur voyait un escroc, même en jupons, oser par surcroit se plaindre de harcèlement. Un peu comme un monte-en-l'air qui rendrait le cambriolé responsable de sa chute pendant sa tentative de cambriolage.

C'était une histoire presque sans paroles, à la napolitaine, car le silence était d'or et Laura savait que, par vénalité, elle n'avait déjà que trop parlé.

DÉGÂTS ET REMÈDES

Les conséquences psychiques possibles d'un vrai harcèlement sexuel au travail, dénoncé et repoussé clairement par la victime, sont d'abord les troubles de l'humeur : crises de larmes, sentiment d'humiliation, hémorragie narcissique, idées suicidaires, tentative de suicide, anhédonie (absence d'envie), psychasthénie (fatigue psychique prédominant le matin). Ce sont aussi les troubles de l'appétit : inappétence ou plus souvent boulimie de sucré —sans doute un besoin de douceurs dans un monde de brutes— et son corollaire la prise de poids, parfois jusqu'à l'obésité de compensation, c'est-à-dire la mise en place d'une armure de graisse qui protège et qui déforme face au regard des hommes, on note parfois aussi une alcoolisation vespérale. Les troubles du sommeil viennent ensuite avec une insomnie par raccourcissement du temps de sommeil, c'est-à-dire des réveils précoces, souvent ponctuée de cauchemars. Les troubles sexuels, enfin, concernent une perte de la libido avec le partenaire habituel, voire une dyspareunie, c'est-à-dire une difficulté à la copulation, qui devient douloureuse.

Le soutien et l'empathie sont indispensables, la victime ayant besoin d'être reconnue et étayée. Elle doit être informée de ses droits, de la plateforme de signalement et des associations pouvant l'aider, qu'elle n'a pas à établir son absence de consentement mais qu'elle ne peut pas non plus consentir ou se rétracter par intérêt. Elle ne doit pas hésiter à rompre le silence, car le harcèlement sexuel a besoin d'une sphère privée au milieu d'un espace public pour prospérer. Il faut l'encourager, si elle est sûre de son fait, à utiliser les mots-dièses comme le hashtag #BalanceTonPorc (version francophone du #MeToo américain) ou témoigner anonymement sur le site www.balancetonporc.com, en gardant à l'esprit que la dénonciation calomnieuse peut être sévèrement punie. Le harcèlement sexuel ne doit pas être utilisé notamment pour régler ses comptes au travail ou pour tenter de majorer une indemnité de licenciement.

COMPTA NOSTRA

Laura recevait en permanence l'aide du comptable de
« l'honorable société » qu'ils avaient su, par atavisme, recréer
dans leur pays d'accueil. Elle prétendait qu'il était son cousin,
alors que leurs familles étaient simplement originaires de la région napolitaine. Elle entendait par famille la famille mafieuse,
c'est-à-dire une communauté d'intérêts et une solidarité à toute
épreuve face aux « étrangers », à la police et aux juges. Ainsi Luciano était toujours à ses côtés lorsqu'il s'agissait de rencontrer
ou d'intervenir auprès d'un banquier, d'un notaire ou d'un avocat. Il connaissait les lois, savait compter, la conseillait à toute
heure du jour et de la nuit, elle avait davantage confiance en
lui que dans son propre avocat. Ses services étaient gratuits ou
presque, car Laura se réservait de longues plages horaires pour le
recevoir chez elle et interdisait alors à quiconque de la déranger.
Elle tenait à garder un secret absolu sur la nature de leur relation
pour d'autres raisons que celles invoquées habituellement par
la Camorra. Comme son épouse devant Dieu était gravement

malade, elle attendait patiemment que celle-ci décède, car un comptable divorcé et donc ruiné ne l'intéressait pas du tout.

Luciano n'était pas un prix de beauté et se croyait particulièrement chanceux d'avoir pu poser le regard et même la main sur une aussi belle femme, qui avait tant besoin de ses compétences. En échange du sourire ravageur qu'elle savait décocher aux hommes d'intérêt et d'autres gâteries ou flatteries qui ne lui coûtaient rien ou seulement un peu de son temps, elle obtenait de lui conseils, entregent et même l'aide financière dont elle avait besoin dans la quête de son Graal personnel, sommet d'une carrière faite de rapines et d'expédients : la reconquête du domicile conjugal. Comme beaucoup d'autres femmes, elle ne supportait plus son conjoint mais restait attachée au domicile conjugal, qu'elle voulait à toute force s'approprier pour l'agencer à son goût et y faire revenir ses enfants. Pour parvenir à ses fins, elle faisait durer le partage de la communauté dans une sorte d'indivision interminable et comptait sur la lassitude de son ex-époux pour lui ravir sa part et réoccuper seule le territoire convoité. Elle avait tout essayé auprès du notaire chargé du partage, mais se heurtait à la résistance farouche de son ex, qui avait du mal à faire le deuil de la famille idéale. Elle se heurtait aussi à la résistance de la famille de son ex, bourgeoise et enracinée, et de toute la bonne société autochtone qui la vivait comme une intruse et une intrigante, et ne rêvait que de la renvoyer à ses origines. Elle espéra en vain que la Cour ferait droit à sa demande d'une indemnité d'occupation exorbitante, confondant occupation réelle du bien et pseudo-occupation d'un bien laissé à l'abandon du fait de ses manoeuvres dilatoires. Il n'en fut rien bien entendu et elle ne pouvait racheter la part de l'ex-mari avec une indemnité réduite comme une peau de chagrin et une simple vague promesse de prêt. C'est là que le miracle se produisit et que son compte se trouva subitement crédité de la somme nécessaire pour éviter la mise aux enchères. Le miracle portait un nom que nous tairons par respect de la règle de la bouche cousue, « acqua in bocca », chère à nos deux Napolitains.

Et pas des Napolitains d'opérette, puisque le Docteur reçut un sérieux avertissement un an après avoir licencié la créature. Son épouse et lui, après le passage de la tempête Laura, voulurent passer leur villégiature à Positano, sur la côte amalfitaine, là où avait été tournée La dolce vita. Le couple crut bien ne jamais atteindre sa destination et le Docteur eut la peur de sa vie en approchant de Naples sur l'autoroute, à la hauteur de Monte Cassino. Comme à chaque fois qu'il passait par ici, il avait une pensée émue pour son père qui avait reçu la légion d'honneur pour ses faits d'armes lors de la prise de l'abbaye du Mont Cassin avec le corps expéditionnaire du maréchal Juin. C'est là qu'il doubla un véhicule tout en respectant la limitation de vitesse, mais il avait oublié que la voie de gauche en Italie était réservée aux Ferrari et aux Audi qui roulent à très grande vitesse. L'Audi Q8 qui surgit derrière lui le colla au train à une allure où la moindre erreur de conduite était synonyme de collision. Le Docteur, qui conduisait au régulateur de vitesse, fit rugir les 177 chevaux de sa Mercedes pour échapper au fou, tout en finissant son dépassement. Le bolide le dépassa à son tour mais, curieusement, il retrouva l'Audi quelques kilomètres plus loin, roulant à plus faible allure, comme si elle l'attendait. Il se résolut donc à la dépasser et vit que l'Audi le suivait sur la voie de droite en calquant sa vitesse sur la sienne. Pour vérifier ses intentions, il choisit d'emprunter brusquement la bretelle de sortie conduisant à une aire d'autoroute, mais constata que l'Audi l'avait suivi et il décida alors de traverser l'aire sans s'arrêter. L'Audi en fit autant et, convaincu maintenant que le conducteur de l'Audi le suivait délibérément pour l'intimider ou lui faire un mauvais parti, il ressortit de l'autoroute à l'aire suivante et s'arrêta cette fois, pour faire le plein de carburant. Dépassant les pompes à essence, l'Audi s'arrêta un peu plus loin et semblait attendre qu'il reparte pour recommencer son manège inquiétant. Mais pendant que le pompiste faisait le plein de sa Mercédès, le Docteur et sa femme quittèrent leur véhicule et entrèrent dans la boutique de la station pour demander l'aide du gérant. Celui-ci vint observer l'Audi immobile, aux vitres teintées, par une fenêtre latérale du magasin, nota son immatriculation et décida d'appeler la police. Quand la « polizia stradale » arriva à la station, le conducteur de l'Audi, méfiant, avait décampé, mais la police préféra suivre la voiture du Docteur sur plusieurs kilomètres avant d'abandonner sa surveillance. Le reste du voyage se déroula sans encombre et le couple, enfin soulagé, put même s'arrêter à Sorrente pour faire quelques emplettes, sans être davantage inquiété.

Après cette histoire sans paroles, destinée à écarter par l'intimidation toute interférence qui eut pu être fâcheuse pour les négociations en cours, les compères mirent à exécution leur plan de rachat du bien conjugal. L'arrangement entre eux portait sur le terrain constructible qui entourait la maison, dont Laura aurait cédé une partie à son associé pour le récompenser de son aide providentielle. À condition que la perfide honore leur accord et ne vende pas le terrain à son seul profit pour financer ses futurs travaux… Ce qu'elle fit sans aucun scrupule, comme à son habitude, dénonçant même la relation qu'elle entretenait avec son mari à l'épouse qui n'en finissait pas de mourir, l'accusant au passage de harcèlement sexuel. L'homme avait perdu tout son intérêt et elle acheva de le ruiner en le contraignant au divorce, pour mieux passer à la victime suivante qu'elle avait déjà prévue sur son agenda. Il s'agissait de son propre frère, qu'elle accusait d'avoir profité des largesses de leurs parents tout au long de leur vivant. Maintenant qu'ils étaient morts l'un et l'autre, elle pouvait se venger de sa mère qui avait eu l'audace de désapprouver son divorce, car il signifiait pour elle la fin de ses espoirs de socialisation et de vie rangée pour sa trublionne de fille. C'était oublier que dans trublionne, il y a « lionne » et que celle-ci était particulièrement indomptable. Elle attaqua donc la succession pour faire rendre gorge à son frère des biens dont elle s'estimait spoliée, se coupant de sa famille après avoir fait la guerre à sa belle-famille.

TINDER LOVES #METOO

L'hystérique non seulement travaille, mais elle utilise son lieu de travail comme une scène de théâtre. Elle cherche à se faire embaucher sur la plus grande scène possible, avec le maximum de salariés, et à occuper un poste où elle sera visible de tous : accueil, vente, secrétariat de direction. La scène peut même devenir nationale, lorsqu'elle travaille pour une chaîne de télévision. Selon le lieu où elle travaille, l'histrion en jupons peut réunir chaque jour plus de spectateurs qu'une troupe dans une salle de théâtre, car le public laborieux est un public captif, attiré par la gratuité du spectacle. Elle est farouchement opposée au télétravail et adore les réunions, qui sont pour elle des lieux d'exposition privilégiés. En l'absence de dress code, sa présentation est voyante et surtout érotisée, à la limite de l'indécence. En voici la présentation caricaturée : semi-nudité et vêtements légers quelle que soit la saison, maquillage outrancier soulignant les yeux et la bouche, parfum envoûtant, faux ongles longs comme des griffes, robe moulante à décolleté avantageux, corsage échancré ou transparent, jean à taille basse laissant apercevoir le haut du string, jupe courte, fendue ou à franges, collants ou bas fantaisie, escarpins ou bottes à talons aiguilles. La chirurgie esthétique est souvent passée par là : lèvres gonflées, prothèses mammaires de plus de 400 ml, parfois taillées en obus à l'horizontale, fesses bombées à la Kardashian. Le résultat le plus frappant est l'uniformisation de la silhouette de ces bimbos construites toutes sur le même modèle.

Au langage vestimentaire, vient s'ajouter le langage corporel : sourire engageant, positions de travail mettant en valeur les fesses ou permettant un regard plongeant dans le décolleté, déhanchement de la marche dite encore démarche chaloupée. Sans oublier le langage comportemental : compétition entre femmes, pseudo-maternage (douceurs, viennoiseries, boissons chaudes et sucrées). Ce langage est complexe mais significatif, souvent mieux compris par les femmes entre elles que par l'homme auquel il est destiné, l'homme devient alors un simple objet de convoitise : un homme-objet. Et le plus fort, c'est que ce langage s'exprime en dehors de tout propos explicite, de tout geste déplacé ou comportement à connotation sexuelle, et ne tombe pas sous le coup de la loi contre le harcèlement sexuel. De qui alors se moque-t-on ? Sur la photo de la première de couverture de ce livre, on voit un homme en costume caressant au travail le genou d'une femme qui n'est sans doute pas la sienne. Mais on ne voit pas, par cécité culturelle, une femme exposant ses jambes jusqu'à mi-cuisse, mises en valeur probablement par des chaussures à talons hauts.

En réalité, tout homme qui ne caresse pas le genou de cette femme est un héros ordinaire du quotidien ou un impuissant. C'est même un test de virilité, au moins par la direction du regard. L'observateur aveugle ou insincère ne voit pas l'impudeur de cette collaboratrice, dont la fiche de poste ne nécessite

surement pas le port d'une telle tenue, et qui n'a d'égale que l'impudence de son collègue de travail. Même si le tailleur est l'équivalent du costume dans la mode occidentale, la jupe du tailleur est censée descendre jusqu'au genou pour être décente. Si l'on se projette dans la suite de cette scène, on imagine la salariée se levant de son siège en tirant sur sa jupe, dans un geste qui trahit la conscience de l'exposition de ses jambes nues au regard d'autrui, mais qui sera aussitôt annulé lorsqu'elle rangera son gros classeur sur une étagère un peu surélevée. On imagine même la scène si son classeur lui échappait des mains, volontairement ou pas, et qu'elle doive se pencher en avant pour le ramasser au sol. Au total, elle n'aura pas tenu une seule fois un propos à connotation sexuelle —c'est une histoire sans parole— mais qu'en est-il de son habitus et de son comportement

? Ne sont-ils pas à connotation sexuelle, comme dans l'échange économico-sexuel décrit par l'anthropologue Paola Tabet, où les femmes échangent leur sexualité —en tout bien tout honneur— contre l'argent ou le pouvoir des hommes ?

À l'extrême opposé, le puritanisme est un mouvement global qui réunit aussi bien les musulmans intégristes, les juifs orthodoxes, les protestants puritains… que Me Too ! Clotilde Coureau, qui joue la nympho de service dans Nouveau départ (2023), se plaint dans le film que #MeToo a tué la « drague au travail » et qu'il ne reste plus que Tinder aux femmes qui ont envie d'être draguées. Catherine Deneuve ne dit pas autre chose quand elle défend une « liberté d'importuner » les femmes. Le mouvement Me Too est né dans le milieu du cinéma américain, il est normal qu'il trouve ses premiers opposants dans le pays qui a inventé le cinéma, chez ces actrices françaises émancipées qui préfèrent utiliser l'appétit des porcs plutôt que le dénoncer. #MeToo est un mélange de puritanisme et de wokisme : il est puritain par sa revendication d'une orthodoxie des moeurs, il est wokiste quand il déconstruit la censure masculine et patriarcale.

SEULE

Son nom rimait avec solitaire. Elle le devint peu à peu quand elle perdit successivement son fidèle compagnon à quatre pattes, son père, puis sa mère, son frère ensuite quand elle bloqua la succession pour lui faire rendre ce qu'il lui avait prétendument volé, son fils qui s'éloigna géographiquement quand elle entra en conflit avec sa belle-fille, sa fille qui se rapprocha de son père, universitaire comme elle, et qui appartenaient donc tous deux à un monde très éloigné du sien. Elle ne parvint même pas à garder pour sa fille le cabinet dont celle-ci aurait pu un jour prendre la succession, une fois ses études finies, parce qu'elle était incapable de s'entendre avec sa collègue de travail, jeune et diplômée, et parce qu'elle était surtout incapable de stratégie, son intelligence se limitant à des tactiques au jour le jour, avec pour seul objectif le profit immédiat.

Elle prit un jour toute sa méchanceté en pleine figure, comme un effet boomerang, lorsqu'elle fit un ictus amnésique, dernier avertissement avant l'accident vasculaire cérébral qui la laissa quelques mois plus tard paralysée et incontinente, perdant d'un seul coup tout ce qu'il lui restait de son pouvoir de séduction. Elle finit ses jours à l'EHPAD public, seule et abandonnée, oubliée de tous. Elle justifiait enfin, mais tardivement, l'invalidité généreusement accordée par un médecin conseil qui avait dû tomber sous son charme d'alors et l'avait prise en pitié. Grâce à la loi de décembre 2023 sur la réforme de la fin de vie, elle put « bénéficier », dès ses premiers signes de défaillance (refus du plateau-repas, refus de boire, agitation psychomotrice), d'une sédation profonde et continue qui la mena de vie à trépas en abrégeant ses souffrances et surtout en allégeant le budget « hébergement » désormais financé par l'assurance maladie. Elle fut incinérée par mesure d'économie et ses héritiers se partagèrent ce qui restait du produit de la vente de la maison qui avait appartenu à leurs parents. Amen.

SOMMAIRE